鎌田宗雲著

法味随想

一《ひと》滴《しずく》

永田文昌堂

まえがき

まだまだ終息がみえてこないコロナ禍のなか、人生をみつめなおす時間が与えられました。先に念願だった『七高僧と親鸞』を出版していただきました。今回は中央仏教学院研究科の講義レジメのなかから、「これから考えたいこと（私の鳥瞰図）、阿弥陀仏と浄土の基本」の四篇を抄出しました。続いて、ご縁をいただいた「本願寺新報」『よろこび』「ないおん」などに寄稿した法味随想を数点を選びました。

今あらためて読み直すと、未熟な内容です。本書は敬称を用いるべき人に敬称をもちいず略称で表記しているところがあります、宗門人として心苦しいのですが、どうぞ苦衷をくみ取ってくださいませ。
最後になりますが、ながい間、ご指導いただいている永田文昌堂社主・永田悟氏に今回もお世話になりました。深く御礼申しあげます。

二〇二一年 五 月

著　者

目次

法味
随想

一滴

私の鳥瞰図《ちょうかんず》

僧侶になってから、五十年あまりが過ぎました。〈私は本当に仏道を歩んでいるのだろうか〉と自問が絶えず、人生でいろいろな葛藤がありました。しかし、いまだ答えが見つからないままなのですが、いつも自分に言い聞かせてきたことがあります。それは〈お坊さんの常識とご門徒の常識がズレていない生き方〉をする僧侶でありたいことです。

若い頃に、「またお坊さんのお話でしょう」といわれて、その意識のズレをいやというほど知らされました。浄土真宗の教えを伝えることを目指した私の生き方が崩れるほどのショックをうけました。落ちこんで布教使を続けることを断念しようと思ったことがありました。

でも、親鸞さまの教えを微力ながら伝える道をえらびました。ご本山の住職課程（伝道院）を、一九七三（昭和四十八）年に第一期生として修了してから、あっという間に四十年余りの布教活動がすぎました。多様化した現代に、これからどのように活動したらいいか、具体的なアイデアがでてきません。お寺の人が思っている以上に社会の価値観が急変しているように思います。昔からのことをしていればお寺は安泰だという考えは、これからの時代に通用しなくなってきています。

私はアップル社共同設立者のSteven Paul Jobsの、次の言葉に浄土真宗の僧侶の道標（視点）があるように思っています。

① Your work is going, and the only way to be truly, Satisfied is to do what you believe is great work, and the only way to do great work is to love what you do if you have not found it yet, keep looking.

（仕事がこれからの人生に大きく影響してきます。真の満足を得るただ一つの方法は、すばらしい仕事だと自分が信じることをやるだけのことです。そしてすばらしい仕事ができるための唯一のことは自分の仕事を愛することです。もし、まだそれを見つけていないのであれば探しつづけてください）

＊「心から浄土真宗を信仰しているだろうか。親鸞さまの教えに心から感激している私だろうか？」「教えをふりかざして、形だけの僧侶を続けている私でないだろうか？」等と、私へのきびしい警鐘と聞こえてきます。

② Stay hugry, Stay foolish.

（結果に満足しないで、いつも求めつづけている。しかも、すべてをわかったような生き方をしない、あなたであれ）

＊満腹すると眠りたいだけです。私の僧侶の道はどこまでも教えを究め

ようとしなければ、僧侶としての存在理由がないように思います。先哲の苦しい求道によってもたらされた教えを、さも自分が究めたように伝えている私は、どんな評価をうけているのでしょうか。もうこれ以上の教えがないと、得意顔で伝えているだけでないでしょうか。時代も考えもちがう現代人に、親鸞さまの言葉を得意げに伝えているだけでないでしょうか。そんな生き方は自己満足におわりそうです。水が流れず同じところに溜まっていると、その水はよどみはじめ腐ってくるだけです。教えもそうです。このままだと現代人に受けいれられない教えになってしまいそうです。

③ Think different

（既成概念をすてて、ちがう視点で考えてみましょう）

＊真実は変わらないと教えられ、それに甘んじて先哲の残した教義をう呑みしていませんか。あたかも自分が教えを究めたように、簡単に問い

に答えていないでしょうか。企業は生き残りをかけて、商品を改良をして、市場に提供しています。今のお寺の活動は、一方通行の伝えかたで終始していないでしょうか。どうしたら門徒（一般）にうけいれてもらえるかと、何度も工夫して、教えが生活にいきるように努力していかねば、お寺の生き残りがむずかしい時代になると思います。

今までは伽藍の修復などに豊かな生活を求めて、寺の維持に心を砕いてきました。これからは先のジョブズ氏の三つのワードを肝に銘じて努力すれば、お寺が少しずつ復活してくるのかなと私は夢みています。教えを原動力とした社会貢献に力をそそがなければ、お寺も僧侶もだんだんと社会から必要とされなくなり消滅していくのではないかと杞憂しています。さまざまな苦悩をかかえて生きている人の癒しの場所としてのお寺、そこはお念仏の宝が輝いているところでありたいです。今までのように参拝の人を待っているだけのお寺の姿勢を変えねばなりません。また、「親鸞さまがこう仰っています」と伝えても、相手の心に届いていないことに気づいていない自分の発言に、早く気づかねば間に合いません。すべてがわかったような接し方はやめるべきです。できるだけ自分の言葉で語り、相手の悩みによりそいながら解決策をみつけようとするお坊さんでありたいです。

これからは、きっと今までの常識が通用しなくなるでしょう。お寺も例外ではないはずです。地域に必要なお寺となるには、社会に無関心であっていいはずがありません。形だけの僧侶では念仏生活のよろこびがわいてきません。社会の苦悩に真剣にむきあわなければ、社会から不要な僧侶・お寺になってしまいます。まずはできることから自分なりに努力しなければ生き残れない、これからの時代だと思うのですが。

阿弥陀仏と釈尊

ときどき、「釈尊は歴史上の人物で理解できるのですが、阿弥陀仏は架空の仏さまに思われるのですが」と問われることがあります。これは阿弥陀仏をより深く理解するうえで大切な問いかけです。私はこの真面目な問いかけに、「親鸞さまが書かれたものをみると、おおまかですが、釈尊を父、阿弥陀仏を母とうけとめて信仰されています。ここから阿弥陀仏と釈尊の関係を理解されてはどうですか」と答えています。

釈尊を父とみるというのは経典の説示を指しています。また、阿弥陀仏を母とみるのは、経典に説かれている仏意（仏さまの心）を信知することです。阿弥陀仏のご本願は苦悩の衆生、すなわちこの私を救うためにあることを存知することから、浄土真宗の信仰ははじまっています。経典には私のことを一子地《いっしじ》と示しています。つまり、私ひとりを救うためのご本願であり、この私が仏に成る道は阿弥陀仏のご本願を信受することだと知ることとです。仏に成ることから遠い存在の私を、往生浄土せしめるはたらきがお名号（本願の完成が仏願力の名号）であると信知することが大切です。阿弥陀仏と釈尊の関係を教示しているご文《もん》を拾ってみます。

(一) 釈迦を父母《ぶも》とみている。

①　敬ひて一切往生の知識等にまうす。大きにすべからく慚愧《ざんぎ》すべし。釈迦如来は実にこれ慈悲の父母なり。種々の方便をもってわれらが無上の信心を発起せしめたまふ。

『般舟讃』（「信巻」大信釈と『安心決定鈔』に引用）

㈡ 釈尊を父、阿弥陀仏を母とみている。

① 釈迦は慈父《じふ》、弥陀は悲母《ひも》なり。われらがちち・はは、種々の方便をして無上の信心をひらきおこしあまへるなりとしるべしとなり。

『唯信鈔文意』

② 釈迦の慈父・弥陀の悲母の方便によりておこるなり。これ自然《じねん》の利益なりとしるべしとなり。

『唯信鈔文意』

③ 釈迦・弥陀は慈悲の父母
種々に善巧方便《ぜんぎょうほうべん》し
われらが無上の信心を
発起せしめたまひけり

『正像末和讃』

㈢ 衆生（私）を一子とみている。

① なにをもつてのゆゑに、一子地の因縁をもつてのゆゑに、菩薩は

すなはち一切衆生において平等心を得たり。一切衆生は、つひにさだめてまさに一子地を得べきがゆゑに、このゆゑを説きて一切衆生悉有仏性といふなり。一子地はすなはちこれ仏性なり。仏性はすなはちあちこれ如来なり。

「信巻」三一問答に引用の『涅槃経』の文

②

超日月光この身には
念仏三昧をしへしむ
十方の如来は衆生を
一子のごとく憐念す

『浄土和讃』

阿弥陀仏の理解

浄土真宗がわかるには、阿弥陀仏と浄土を理解することが基本です。この学習は浄土真宗の根幹を理解することに直結しているからです。そこで阿弥陀仏を理解するための基本を記しておきます。

(一) 阿弥陀仏信仰のはじまり

阿弥陀仏信仰は、支婁迦讖《しるかせん》訳の『般舟三昧経《はんじゅさんまいきょう》』からはじまったといわれています。中国の慧遠《えおん》が白蓮社《びゃくれんしゃ》を結成して、観想念仏《かんそうねんぶつ》による阿弥陀仏信仰を各地に広めました。しかし、この観想念仏の行はかぎられた人だけができる往生浄土の行でした。時がながれて、曇鸞《どんらん》、道綽《どうしゃく》、善導《ぜんどう》らの努力で、すべての人々が往生浄土できる称名念仏《しょうみょうねんぶつ》の行が人々にゆきわたっていきました。日本の阿弥陀仏信仰は、平安時代からみられます。法然から称名念仏行をうけついだ親鸞によって、阿弥陀仏信仰が飛躍的にひろがりをみせてきました。

㈡ 阿弥陀仏と浄土の原語

藤田宏達《ふじたこうだつ》著『原始浄土思想の研究』は、amitābha（アミターバ　無量光）とamitayūs（アミタユース　無量寿）が、阿弥陀仏と浄土のサンスクリット原語だと限定しています。阿弥陀仏と浄土の原語は共にアミターバとアミタユースです。そうですから、『教行信証』の「真仏土巻」に、阿弥陀仏と浄土の本願は第十二願と第十三願だと標挙《ひょうこ》しています。この二願を深く学んで、阿弥陀仏と浄土を理解してください。

㈢ 阿弥陀仏は私にどのようにはたらいているのでしょう

私への阿弥陀仏のはたらきを、親鸞は名号を招喚《しょうかん》の勅命《ちょくめい》と教示しています。そのはたらきを喩えて、「大地《だいじ》のごとし、悲母のごとし」などと、『教行信証』の「行巻」一乗海釈に一乗嘆徳を説明をしています。

㈣ 阿弥陀仏の徳号

『浄土和讃』の最初に、曇鸞の『讃阿弥陀仏偈《さんあみだぶつげ》』のなかから、阿弥陀仏の別名（徳号）を抄出して、「阿弥陀仏はこんな仏さまです」と、二十七の別名を挙げています。「無量光《むりょうこう》、真実明《しんじつみょう》、無辺光《むへんこう》、平等覚《びょうどうかく》、無碍光《むげこう》、無対光《むたいこう》、畢竟依《ひっきょうえ》、光炎王《こうえんのう》、大応供《だいおうぐ》、清浄光《しょうじょうこう》、歓喜光《かんぎこう》、大安慰《だいあんに》、智慧《ちえ》光《こう》、不断光《ふだんこう》、難思光《なんじこう》、無称光《むしょうこう》、超日月光《ちょうにちがっこう》」と号《なづ》くと。また、「無等等《むとうどう》、広大会《こうだいえ》、大心海《だいしんかい》、無上尊《むじょうそん》、平等力《びょうどうりき》、大心力《だいしんりき》、無称仏《むしょうぶつ》、婆伽婆《ばがば》、講堂《こうどう》、清浄大摂受《しょうじょうだいしょうじゅ》、不可思議尊《ふかしぎそん》、道場樹《どうじょうじゅ》、真無量《しんむりょう》、清浄楽《しょうじょうがく》、本願功徳聚《ほんがんくどくじゅ》、清浄薫《しょうじょうくん》、功徳蔵《くどくぞう》、無極尊《むごくそん》、南無不可思議光《なむふかしぎこう》」と示しています。

㈤　法蔵菩薩（法蔵比丘）と阿弥陀仏の関係を理解する。

阿弥陀仏を理解するのには法蔵菩薩《ほうぞうぼさつ》との関係を理解することが欠かせません。どうして衆生を救済するはたらき（本願力・仏願力・他力と表現）ができたのかを理解するには、四十八願をたてて修行して、阿弥陀仏になった法蔵菩薩のことを知らねばなりません。

法蔵菩薩（阿弥陀仏の前身）──→五劫思惟《ごこうしゆい》（世自在王《せじざいおう》のもとで諸仏の浄土を見聞きして、すべての人を条件なしで救う力をそなえたいと思案する）──→本願建立（四十八の誓願をたてる）──→兆載永劫《ちょうさいようごう》の修行──→本願成就《ほんがんじょうじゅ》（『大経』の本願成就文に証明されている。親鸞は阿弥陀仏を十二光仏と表現しています。

それは「真仏土巻」引用の『讃阿弥陀仏偈』、『浄土和讃』に引用している『讃阿弥陀仏偈』、『弥陀如来名号徳』の十二光仏の解釈、『親鸞聖人御消息』第九通目、「真仏土巻」に十二願成就文の引用と、『讃阿弥陀仏偈』の十二光仏の引用、「真仏土巻」に『無量寿経連義述文賛』の引用しているところからわかります）──→救済の力をもった阿弥陀仏の誕生（南無阿弥陀仏）。

すなわち、阿弥陀仏は法蔵菩薩の本願と修行によって、一切衆生を救済できる本願力を身につけた仏であると理解していくのです。宗学で阿弥陀仏を因願酬報《いんがんしゅうほう》の報仏《ほうぶつ》といいます。この法蔵菩薩と阿弥陀仏の関係を、『一念多念証文《いちねんたねんしょうもん》』『唯信鈔文意《ゆいしんしょうもんい》』から理解を深めてください。

㈥ 法性法身と方便法身

阿弥陀仏がどうして名号の救済力となっているのかを、曇鸞は『往生《おうじょう》論註《ろんちゅう》』の願心章《がんしんしょう》の中で説いています。そこに、法性法身《ほっしょうほっしん》と方便法身《ほうべんほっしん》の用語を使って、阿弥陀仏が真如《しんにょ》・一如《いちにょ》の宝海《ほうかい》（法性法身）から具現した方便法身の仏身であると教示しています。親鸞はこの二種法身説を承けて、『愚禿鈔《ぐとくしょう》』『一念多念証文』『唯信鈔文意』で阿弥陀仏を説明しています。

㈦ 実相身と為物身

方便法身が具現した阿弥陀仏はどんなおすがたでしょうか。曇鸞は『往生論註』の起観生信章《きかんしょうしんしょう》に実相身《じっそうしん》と為物身《いもつしん》という用語で、阿弥陀仏はどのような仏さまであるかを説明しています。

㈧ 十劫成道と久遠実成の阿弥陀仏

親鸞は『教行信証』に十劫成道《じっこうじょうどう》の阿弥陀仏を説いていますが、『浄土和讃』には久遠実成《くおんじつじょう》の阿弥陀仏を説いています。つまり、親鸞は十劫成道の阿弥陀仏と久遠実成の阿弥陀仏という、二つの阿弥陀仏観を説いているのです。これを理解するには、『口伝鈔《くでんしょう》』の中の開出三身章《かいしゅつさんしんしょう》を読んで理解を深めてください。善譲《ぜんじょう》は『真宗要論』で、①本師の尊高を顕わすため。②十劫為物を成ぜんため。③行者の敬信を増さんがため。という三つの理由をあげて説明をしています。

浄土の理解

㈠　極楽と浄土は鳩摩羅什《くまらじゅ》が、阿弥陀仏の世界を表わすために造った用語です。極楽は『阿弥陀経』にはじめて訳出されています。浄土がはじめて訳出されたのは『維摩経』と『法華経』です。藤田宏達著の『原始浄土思想の研究』によれば、阿弥陀仏と浄土の本質はサンスクリット語のアミターバとアミタユースなのですが、浄土・極楽のサンスクリット語はsukhāvati（スカバーティ　楽のあるところ）であると特定しています。

㈡　浄土の異名

阿弥陀仏にちなんだ名称　　弥陀界、弥陀浄国、弥陀仏国。

浄土の場所にちなんだ名称　西方、西方浄土、西方極楽、西方国。
浄土の性質にちなんだ名称　浄土、弥陀浄国、西方浄土、安養、安楽国、安養国、極楽、報土。

㈢　指方立相

阿弥陀仏の浄土を学んでいると、必ず指方立相《しほうりっそう》という用語がでてきます。この用語は『観経四帖疏《かんぎょうしじょうしょ》』の「定善義《じょうぜんぎ》」にでてくる言葉です。指方立相は阿弥陀仏の浄土の方角（指方）と、どのような世界（立相）であるかをあらわしている言葉です。

㈣　阿弥陀仏の浄土はどうして西方なのでしょうか

道綽《どうしゃく》の『安楽集《あんらくしゅう》』にその問答が出てきます。そこに西方は人間の死地をあらわす方処だからと西方浄土を結論しています。現代語訳『安楽集』を読んで、理解を深めてください。

空華学派の寛寧《かんねい》の『宗要開関《しゅうようかいかん》』や、鮮妙《せんみょう》の『宗要論題決擇篇《しゅうようろんだいけっちゃくへん》』を読んでみると、第十七願を根拠として、一応は西方というけれども、十方世界の中心は西方であるという主張をしています。宗学にはいろんな学派があるので、それぞれの独自の西方説がみられます。

㈤ 西方世界と無辺際の世界

浄土は西方十万億土にあるというのが普通です。ところが、天親の『浄土論』に、「究竟如虚空《くきょうにょこくう》　広大無辺際《こうだいむへんざい》」と説いています。このように浄土は広大にして無辺であると表現したり、西方十万億土と表現しているのは矛盾ではないかという疑問がでてきます。これについて寛寧は『宗要開関』で、阿弥陀仏の方角を西方十万億土と限定しているのは、浄土をふかく理解できない凡夫のための方便であるとうけとるならば、善導が批判した聖道諸師の考えと同じになる。そこで寛寧は西方十万億土と説いているのは暫用還廃《ざんゆうげんぱい》の方便の世界であるからだという主張をしています。浄土は本願の果報のうえから論じているので、化身土《けしんど》ではなく本《ほん》願成就《がんじょうじゅ》の真報土《しんほうど》であると説いています。これは西方浄土を理解するのにとても参考になる考えだと思います。

㈥ 過十万億土世界と去此不遠と境次相接

阿弥陀仏の浄土は、この世からどのくらいの距離にあるのでしょうか。『大経』には「去此十万億刹」と説いてあり、『観経』には「去不遠《こふおん》」と説いてあり、『阿弥陀経』には「十万億仏土」と説いています。また、『讃阿弥陀仏偈』には「去此界、十万億刹安楽土」と説いてあり、『安楽集』には「与此方、境次相接《きょうじそうしょう》」と説いています。

『大経』に「この世から十万億仏土を過ぎて、阿弥陀仏の浄土がある」と説いてあるのですが、『観経』は「阿弥陀仏、ここを去ること遠からず」と、浄土は此土のすぐ近くにある世界だと説いています。この『観経』の去此不遠《こしふおん》について、『安楽集』第二大門に「安楽世界はすでにこれ浄土の初門なり。すなはちこの方《ほう》と境次《きょうつ》いであひ接《せっ》せり。往生はなはだ便《べん》なり。なんぞ去《ゆ》かざらんや」と、浄土と此土はとなりあわせにある世界だと境次相接を説いています。

(七) 浄土はこの世からどのくらいの距離にあるのでしょうか。

平成四(一九九二)年六月十日の「朝日新聞」夕刊に、おもしろい記事が載っていました。大阪工業大学元教授の山内俊平氏が、浄土までの距離を計算した記事です。こんな計算をした人がいたことに驚くとともに、とても興味がわきました。ここに紹介しておきます。

京《けい》は10の16乗です、光が真空中を一年間かけて進む距離が九兆四千六百kmです。一光年、浄土まで行くのに、光の速度で進んで一億年の十億倍かかる距離になります。

西方十万億土といわれる極楽までの距離はどれくらいあるのか。近畿数学史学会長で大阪工業大元教授の山内俊平さんが、仏教書などをもとにして計算した結果、極楽までの距離は十京《けい》（十の十七乗）光年と出ました。光の速さの乗り物でも、一億年の十億倍もかかるのです。山内さんは「どんなにもがいても、行けない距離です。日々精進して、来世のことは仏様におまかせする。極楽への道はこうした心の持ちようだと悟りました」と言っています。

山内さんは十万億土の土《ど》を仏教でいう大千世界と考えました。小世界が千個集まって小千世界、小千世界が千個で中千世界、中千世界が千個集まって大千世界です。大千世界は小世界が十億個が集まっている世界になります。銀河系の恒星間の距離などから、山内さんは小世界を、三・三五光年（一光年は九兆四千六百億km）間隔で並んでいると仮定しました。大千世界は正方形としました。一辺の長さは十億の平方根に三・三五光年をかければ出てきます。これに十万億をかけたのが極楽までの距離となります。一億は十の八乗だが、億をサンスクリット語のコーティの訳語から解釈しました。十の七乗としたところ、十京光年、十の三十乗kmとなりました。現実の宇宙、百五十億光年の数百万倍になります。

髙田好胤《たかだこういん》・薬師寺管長は「苦労されて、極楽は自分の心にあると結論を出されたのは立派なことです」と、コメントしています。

そこで浄土までの距離を私なりに計算してみました。一光年は光が一年間ですすむ距離を表します。かりに一仏土を一万光年として計算すると、娑婆から極楽までの十万億仏土の距離は1００、０００、０００、

000、000、000光年（十京光年）となります。十京光年《じゅうけいこうねん》は光の速度でも一億年の十億倍かかる距離になります。人間には十京光年はとても計算することができないほど、阿弥陀仏の浄土は遠いところにある世界だとわかります。

さらに申すと、『倶舎論《くしゃろん》』に須弥山《しゅみせん》周囲の四大海の大きさが八万四千由《ゆ》旬《じゅん》と示しています。須弥山の描写や須弥山図譜から想像すると、極楽世界の大きさは少なくともその五倍程度はあります。一由旬をかりに８㎞だとすると、この大きさは８４００×８㎞×５＝３３６万㎞、その一辺の長さは３３６万㎞となります。つまり、三千大世界が、このひとつの世界を千の三乗個をすきまなくつめこんだとすると、その一辺の長さは３３６万㎞×１０００＝３３、６億㎞になります。十万億土はその十万億倍の距離ですから、３３、６㎞×１０の１３乗＝３３６垓《がい》（およそ３

３億光年）かかる距離に阿弥陀仏の浄土があるということになります。

最後に十万億のサンスクリット原語のsata-sahasra（１００×１０００）を漢訳したものです。梵本『大経』にはsata-sahasra-koti-nayutaとあり、梵本『阿弥陀経』にsata-sahasra-kotiとでています。Kotiは１０、０００、０００の数字を表わし、nayutaは１００、０００、０００、０００の数字を表わしています。この数字をどんなにくみあわせても十万億という数字にはなりません。これは当時の中国の数学の最高値が億だったからです。そういう理由から漢訳経典に十万億と翻訳されたのではないかといわれています。十万億土という数字にとらわれないで、仏意をうけとめることが大切なことのように思いますが。

信に生きる

池山栄吉先生自筆の掛け軸を、書院の床の間に懸けて楽しんでいます。

信・謗《ぼう》ともに因として、みなまさに浄土に生るべし。今生ゆめのうちのちぎりをしるとして、来世さとりのまへの縁をむすばんとなり。われおくれば人にみちびかれ、われさきだたば人をみちびかん。生々《しょうじょう》に善友《ぜんぬ》となりてたがひに仏道をせしめ、世々《せせ》に知識としてともに迷執《めいしゅう》をたたん。

という『唯信抄』の一節です。池山先生がお念仏しながら書いたお軸と聞いています。若いときは何も感じませんでしたが、今になって、お聖《しょう》

教《ぎょう》の言葉が身にしみてきます。お出会いしたことがありませんが、

よき人の　仰せにききて　名をよべば
喚《よ》ばせたまふ　み声きこえぬ

という先生の歌をおもいだします。池山先生は『観経疏《かんぎょうしょ》』（「散善義《さんぜんぎ》」）にでてくる「なんぢ一心正念《いっしんしょうねん》してただちに来《きた》れ。われよくなんぢを護《まも》らん」の二河白道《にがびゃくどう》から、お念仏の話をされたそうです。

念仏の心意気は一心正念直来《いっしんしょうねんじきらい》の言葉のなかによくあらわれている。これを流浪の旅をつづける一人息子の帰りを待ちわびている母の心情に喩えるならば、直来をスグキテオクレヨと訓じ、一心正念をオネガイダカラと仮名をふってもそう見当外れではないだろう。「オネガイダカラ　スグキテオクレヨ」、この切ない哀情が相手の心にしみいり、やがてそのまま内からしみでる念仏もうさんとおもいたつ心

となるのである。煩悩のない念仏は便所のない別荘みたいなものです。どんなにりっぱな屋敷であっても便所がなければ住むことができません。煩悩をいつもかかえこんで生きている私をめあての阿弥陀仏ですから、お念仏している場所が私の居場所なのです。

という法話が残っています。阿弥陀仏の救いのはたらきを、「わたし一人をかたおもいしている」と、独特な表現で伝えていたそうです。言い得て妙ですね。その池山先生が口癖のように、

信仰へのふみきりは、私においては歎異抄第二章でした。親鸞におきてはただ念仏して弥陀にたすけられまいらすべしと、よきひとのおおせをこうむりて信ずるほかに別の子細なきなり。池山においてはただ念仏して……

とお話されると、聴衆の同行たちは感動して、会場のいたるところから

お念仏の声がやまなかったという伝説が残っています。

さて、江戸時代に仰誓和上《ごうぜいわじょう》が、奈良の吉野にいった時のことです。清九郎《せいくろう》という純真無垢な念仏者に偶然に会いました。和上は清九郎の言動に感嘆し、〈是非とも後世に念仏者の生きざまを残したい〉と願って、伝聞した念仏者の言動をまとめたのが『妙好人伝』です。念仏を生活の支えにしていた妙好人が、注視されだしてきたのは昭和の時代からです。鈴木大拙《すずきだいせつ》や柳宗悦《やなぎそうえつ》たちによって、無名の念仏者が紹介されました。鈴木先生は浅原才市《あさはらさいち》に、ただならぬ想いをいだいていました。晩年に古田紹欽《ふるたしょうきん》の協力をえて、浅原才市さんのほとんどの詩を収録した『妙好人浅原才市全集』を出版しています。そこには六千をこえる才市のお念仏の味わいの詩が紹介されています。そのなかに、

他力には自力もなし

他力もなし
ただ一面の他力なり
なむあみだぶつ
なむあみだぶつ

という詩があります。鈴木先生が東京読売ホールで、「念仏の心」の法話の中で、この他力を語っています。

ただ一面の他力とは絶対他力と音字ですね。その後になむあみだぶつと二度くりかえしていうている。これがおもしろいですね。他力というていて、他力には自力もなし、他力もなし、ですね。こう言いたい。他力があって他力がない、自力があって自力がない。そいつが他力だ。その他力は何かというと、なむあみだぶつ、なむあみだぶつだな。

と、才市の信仰心の深さに感嘆しています。つづいて、
一遍上人が師の法燈国師の前で、

となうれば　仏もわれも　なかりけり
　南無阿弥陀仏の　声ばかりして

と詠じると、国師は未徹在《みてつざい》といい、師から認められなかった。そこで、

となふれば　仏もわれも　なかりけり
　南無阿弥陀仏　なむあみだぶつ

と、再び詠じると認められたという話がある。仏も我もなかりけりは、他力には自力もなし他力もなしと同じ事ですね。だからただ一面の他力なりということと南無阿弥陀仏、南無阿弥陀仏とはひとつになってしまうということです。体験のうえで他力そのものになる。

名が実で実が名なのです。そこに南無阿弥陀仏がいきてくるのですね。私はそういいたい。

と話されたそうです。また、

ゑゑな
世界虚空が　みな仏
わしも　そのなか
なむあみだぶつ
ああ、世界にみちる　なむあみだぶつ
世界は　わしがをやに　もろをて
それがたのしみ　なむあみだぶつ

の詩を紹介し、

世界も虚空もみな仏で、なむあみだぶつで自分もその中にあるだけでない。それをみな阿弥陀仏からもろうておるという思想は真宗信仰上では破天荒なものではなかろうか。

この詩を絶讃しています。才市さんのように、心底から阿弥陀仏を信ずる素直な心があれば、いつも阿弥陀仏とともに生きているよろこびがあふれてくるのでしょうね。こんな私でも、阿弥陀さまを讃えている詩とか歌にであうと、ただただありがたいという気持ちになってきます。もったいないことですね。

老いを生きる

例年にないほどたくさんのお葬式がありました。そのなかで、忘れられない人がいます。ほんとうに有難い人でした。法座にはいつも早めにお参りされ、いつも一番前の決まった椅子に座って、静かにお念仏をしていた同行でした。お逮夜参りに伺うと、必ず後ろで奥さんと一緒にお勤めをしておられました。奥さんが、

おじいさんは、「正信偈」と「御文章」を毎晩のようにお勤めをしていました。浄土真宗のお寺があるから、いつもお念仏の教えにあうことができる。これはあたりまえのことでなく、ほんとうにありが

たい。私のために、ご先祖さんが準備した指定席だ。とよく言っていましたよ。その時のおじいさんは、うれしそうで、その顔が忘れられません。

と話されたことがありました。満中陰のお勤めを終えて、お茶をいただいているときのことでした。奥さんが、「お爺さんの部屋を片付けていたら、机の引き出しにこんな歌が書いている紙がありました。お爺さんはこの歌を口ずさんで喜んでいたようです」と言い、見せてくださいました。そこには、

死ぬでなし　生まれ変われる　浄土あり
聞けば楽しき　老いの日々なり

という歌が書いてありました。どなたの歌か知りませんが、ありがたいですね。私たちはただ死ぬだけではないのです。お浄土にうまれさせて

いただく命であると聞かせてもらったとき、大きな安らぎが恵まれてきます。歳をとってくると、愚痴がたえません。しかし、仏法をよろこぶ身になったおかげで、愚痴に終りがありませんが、仏さまと共に日々を生かされていると実感しています。こんなありがたいご門徒と数十年を、同じ土地で生きてきた私です。いたらぬ私をお育てくださいました。こんなお同行たちと人生をともにしている私は、住職として何にも代えがたい幸せ者といえます。

お金や物や肩書きだけでは味わえない尊い宝を、人生に大切にしている人が、お寺にお参りしてくださっているのです。こんなことを思うと老いを実感しながら、阿弥陀仏のぬくもりを日に日に感じて日暮しできるようになりました。阿弥陀仏にやさしく導いてもらっていることに気づかせていただくご法座です。

小さきは小さきままに

二〇一八（平成三十）年九月三十日は女優の樹木希林さんの葬儀でした。娘の内田也哉子さんが、「おごらず、他人《ひと》と比べず、面白がって、平気に生きればいい」という、希林さんの言葉をたぐり寄せてした挨拶が、今でも心に焼きついています。彼女はどんな人生観をもっていたのでしょうか。近頃、樹木希林さんのインタビューが、文藝春秋、宝島社、キネマ旬報社から出版されたので、早速とりよせて読みました。その語りに、ぐいぐいと引きつけられて感動した私です。七十二歳のときのインタビューの内容がすごい。

がんになったことで、人生観もかわりました。がんにならなければ、心のありようが収まらなかったかもしれません。人はかならず終わるという実感を自分の中に持てたことは大きかったです。命の限りを実感できてよかったのは、心の整理ができること。がんという病気は、たいていいくらか残された時間があって、その用意が間に合うのですよ。死を感じられる現実を生きられるというのは、ありがたいですね。いつ死んでも悔いがないように生きたい。そう思っています。

という心境に、私の心がゆさぶられました。

今年、大学時代のクラブ仲間で五十年のつきあいをしていた後輩が、癌で往生しました。希林さんは五十二歳のときに、「人は死ぬと実感できれば、しっかり生きられる」と語っていますが、尊敬していた後輩の晩年はまさにそのような生きざまでした。彼が生前に書き綴っていた文が、『ふたたび出会う世界があるから』の本となっています。これが癌治療をしているのかと思うほど、生き生きとした息づかいが伝わってきました。〈命がかがやく〉ように生きるとは、彼の晩年のような生き方をいうのでしょうか。死に直面しながら、命の帰依処《きえしょ》であるお浄土にむかって、一瞬の命のいとなみを感謝して生きているようでした。彼にとって、すべてのできごとがもったいない時間の中でのことであったのでしょう。島根県の住職でしたが、彼からの私信に、「一足先にお浄土にまいらせてもらいます」と書いてありました。ここに死別は悲しい別れでなく、いつかお浄土で再会できるよろこびがあることを、あらためて実感したことでした。命がつきる間際の彼の言葉でした。今では私の人生の羅針盤となっています。彼の葬儀のことを聞いたとき、おもわず、「いつの日にか、お浄土で会おうね。思い出ありがとう。私はもう少し娑婆の仕事をさせてもらいます」と、落ちてくる涙をふきながら、ひとりごとを言っていました。お浄土があるから、残ったものはそこをめざして生きてゆけるのですね。

豊かな生き方とは、どんな生き方なのでしょうか。そんなことを思うとき、恩師がよく口ずさんでいた、高田保馬《たかだやすま》先生の歌を思いだします。

小さきは　小さきままに　花咲きぬ
野辺の小草の　安けきを見よ

という歌です。聞くところによると、高田先生が二十歳のころに人生に悩んだときのことだそうです。学問にいきづまり、郷里の佐賀に帰って、悶々と日々をおくっていました。そんなある日、道ばたのスミレの花に目がとったそうです。そのとき、〈この小さな花にもいのちがあり、精一杯生きているではないか〉と、その誰も気にとめていないが、道ばたのかたすみに咲いている小さな花に感動をして歌った歌です。道ばたに咲いている小さな花にくらべて自分のいたらなさを恥じて、気分一新して大学にもどって、学問に没頭し経済学を大成したそうです。名も知らない小さな花でも、一生懸命に生きている命の輝きがあるのですね。それに気づけば、樹木希林さんのいう、人とくらべない生き方に変わり、心が安らいでくる自分の居場所を知られてくるのですね。

そういえば、希林さんが亡くなる三ヶ月程前のインタビューで、女優がそんなことをするのは、ヌードになるより恥ずかしいことですよ」と人に言われた。入れ歯をはずしたのよ。映画「万引き家族」で、髪の毛もだらぁ〜と長くして、気味悪いおばあちゃんでしょう?私ももう後期高齢者で、店じまいを考えないといけない時期です。

人間が老いていく、壊れていく姿というものを見せたかった。高齢者と生活する人も少なくなって、いまはそういうのをみんな知らないでしょう。

と言っていますが、これにまた共鳴してうなずきました。「健康が一番、長寿が一番、金メダルをとらないとだめ」、と変な価値観を植えつけているマスコミの報道が多い昨今です。そんな時、今の時代はどうなったのかと、時どき思わずにはいられません。

人はかならず老いて、病気になり、命におわりがあるということを、あらためて学びなおし、自分の人生をみつめてみたいものです。そして、人生のおわりが死でなく、生きていることは、浄土にむかっている命であることを、お聴聞を通じてうけいれておかないと、空しく淋しい人生になりそうです。ささやかな私の人生でありますが、たくさん人たちに

支えられてきました。木村無相さんの詩に、

病みふして
重湯《おもゆ》もノドに通らねど
ただ念仏のあるが
うれしき

というのがあります。ありがたいですね。「親鸞さまの教えに導かれた人の最後には、こんな幸せがあるんだよ」と教えられるようです。お念仏は阿弥陀仏そのものですから、何もできなくてもいいのです。他人より立派でなくてもいいことを知らされ、心がおちついてきます。

念仏は生きる力

「この人生を空しく過ごしてはもったいない」と、おりにふれて思うことです。でも、実情はおはずかしいばかりの生活です。昨晩、前門さまの『人生は価値ある一瞬』を、一気にくりかえして読みしました。小気味よく、私の心にひびいてくる法味でした。「まえがき」に、

外見的には困難に見える人生でも、目に見えない大切なものをわが身に持っているならば、こころ豊かな、空しくない人生となりましょう。目に見えない大切なものとは、一人ひとり、縁によって獲得するべきですが、私にとっては、仏教の教えです。

とありますが、その受けとめ方が心にひびいてきました。私にとって、お念仏は生きる力です。甲斐和里子《かいわりこ》先生に、

ともしびを　高く掲げて　わが前を
　　　　　行く人のあり　小夜中の道

という、私の好きな歌があります。晩年の瓜生津隆眞先生が、「この歌は味わいのあるいいお歌だね」と、微笑みながらお茶を飲み、お話をしてくださった姿がなつかしく思い出します。

ある人がこんなことを書いていました。

私たちは椎茸《しいたけ》や干瓢《かんぴょう》をそのままでは食べられないが、一度水にもどして、それに味をつけて煮付けると美味しく食べられる。

と、ほんとうにそうですね。親鸞さまの教えや経典の心も、ありがたく領解した先達に導かれて、私の生活に有難くいただけるのです。一昔前

に、多くの念仏者が尊敬していた池山栄吉先生という方がおられました。

先生は晩年に大病にかかったそうで、お見舞いにきた人に、

病中ただ念仏ひとつで何もかも始末がついていったが、それでよさそうなのに何か物足りない気がしていました。あるときに気がつきました。それは自分のうちにいろいろの煩悩が、花道にひかれた役者のように出番を待っているのに気づきましたよ。そこで初めてしっくりとお念仏が味わえるようになりました。あくまで煩悩があってのお念仏ですよ。


と語ったという記事を読んだことがあります。池山先生はドイツ文学者で、近角常観《ちかずみじょうかん》先生にお育てをうけた在家のありがたい念仏者でした。

多くのご縁をいただいて、たくさんの同行をみちびいた人です。

また、九州に臼杵祖山《うすきそざん》という、ありがたいご住職がおられました。

大いなる　めぐみのなかに　めぐまれて

めぐみも知らで　み恵みに生く

と歌っている病床の様子を、花田正夫先生の『歎異抄 わが身読記』に紹介してあったのをおぼえています。臼杵先生の口癖は、〈めぐみによっていめぐみをいただく〉だったそうです。すごく味わい深い法味ですね。いつもアミダさまと向き合い、称名念仏のなかに過ごしている、尊い姿が彷彿として思い浮かんできます。

今、ご本願の心を受けとり念仏を申すのも、まったく阿弥陀仏のおはたらきのおかげです。「わが名を称えるものを必ず救わずにはおれません」との、阿弥陀仏の誓いがありがたく身にしみてきます。本願を信じお念仏をしながら生活している自分が不思議です。近ごろは友人の葬儀があり、老いのきびしさを実感しています。しかし、阿弥陀仏の救いが

まちがいないといただかれるようになり、不思議とありがたい老人生活を楽しんでいます。蓮如さまが、

ひとりでも　行かねばならぬ　旅なるを
　　弥陀にひかれて　行くぞうれしき

と歌っていますが、まことにそうであります。友や兄弟、知人の葬儀のご縁を通じて、人生がありがたく感謝できるのは、お浄土での再会を約束してくださっている阿弥陀仏のはたらき、お慈悲のなかで生かされて生きているからですね。

蓮如さまと法敬坊順誓

蓮如さまから二度も法名をいただいた弟子がいました。それは法敬坊《ほうきょうぼう》順誓です。法敬坊は、浄土真宗に帰依したときに順誓《じゅんせい》の法名をもらいました。順誓はとても信仰心があつくて、お念仏をよろこぶ人でした。その生きざまに心を揺さぶられたのでしょうか。蓮如さまは、「順誓が法を敬ふ身なればその名をかへて法敬と云へ」と歌い、二度目の法名に法敬をあたえたと伝えられています。お二人は年令が近かったので、きっと気持ちが通いあっていたに違いありません。蓮如さまのほうが順誓より四歳年上でした。『蓮如上人御一代記聞書《ききがき》』二五一条に、法敬坊順誓が蓮如さまに、「今、拝んでいる阿弥陀さまは尊い仏さまよと讃えている賢い人よりも、なんとありがたい仏さまであるかと、拝んでいる人のほうが、私には尊い人のように思うのですが」と、申しあげました。これを聞いた蓮如さまは、「法敬坊はおもしろいことを申しますね。みなさんの前で、阿弥陀さまのお救いがありがたい、はやくそのことに気づきお念仏しなければいけませんよと、自分を殊勝気に話す人がいますが、そんな人が尊いわけがありません。むしろ純情に阿弥陀さまはありがたい仏さまだ、もったいないと尊がっている人のほうが、私も尊い人のように思います。法敬坊は味なことを申すものだ、私もあなたと同じ思いです。

という話がでてきます。この会話を通して、法敬坊の人柄と純粋な信仰心が伝わってくるようです。この会話にでてくる殊勝な人とは、経文《きょうもん》や解釈をよく知り、社会的地位の高い人でありましょう。法敬坊は阿弥陀さまのお慈悲を理屈でなく心から仰ぎ、心からお念仏をよろこんでいる人のほうが尊い人だというのです。どんなに言葉をかざりたてて阿弥陀さまを讃えていても、阿弥陀さまを拝んでいない人がいます。それよりも、阿弥陀さまのお慈悲を言葉で伝えれなくても、心から手を合わせている人のほうが尊い人だというのです。心と心が通いあっている二人のよろこびのお顔が想像できるようです。

また、二人の会話にこんなことがありました。

蓮如さまが法敬坊に、「私たちが拝んでいる阿弥陀さまをたのめということを教えてくださった人がいます。この人が誰だか、あなたは知っていますか」とお尋ねになりました。法敬坊は「存知ません」と答えました。「それじゃ、教えましょう。鍛治屋さんや大工さんの世界では、人にものを教えてもらうときにはお礼の品をだすのが礼儀です。これから、私があなたに教えることはとても大事なことです。私に何かお礼をもってきなさい。そうしたら教えましょう」と申されました。すると法敬坊は、「申されるまでもありません。どんなものを差し上げればいいのでしょうか。この大事なことをお聞かせくださいませ」といいました。その法敬坊の心根を見透かした蓮如さまは、「この弥陀をたのめ、ということを教えられたのは阿弥陀さまご自身ですよ。阿弥陀さまが、われをたのめと教えてくださったのです。このことを忘れてはいけません」と、おもむろにお伝えくださいました。

これは『聞書』七十六条にでている話です。「弥陀をたのめと教えられたのは、阿弥陀さまご自身です」というのは、浄土真宗の安心《あんじん》の要が示されています。親鸞さまは『教行信証』（「行巻」）に帰命《きみょう》の意味を細かに解釈して、〈帰の言《ごん》は、告ぐるなり、述《のぶ》なり、人の意《こころ》を宣述《せんじゅつ》するなり、命《みょう》の言は、業《ごう》なり、招引《しょういん》なり〉と字訓《じくん》を施して説明しています。この帰命の心が、ここの会話の中心です。阿弥陀さまが名のりをあげて、「必ずすくうぞ、安心しなさい」と、煩悩にあけくれている私に喚《よ》びかけてくださっているのです。この喚《よ》びかけが南無阿弥陀仏の名号なのです。阿弥陀さまの救いのはたらきのすがたを、親鸞さまは本願招喚《しょうかん》の勅命《ちょくめい》と仰せです。蓮如さまは法敬坊に「何をくれるか」と冗談をまじえながら、浄土真宗の核心を法敬坊に伝えているのです。

花びらは散っても

長い間にお育ていただいた浅井成海先生が、二〇一〇（平成二十二）年六月六日にご往生された。北畠晃融先生と泉涌寺前の日赤病院に見舞いにうかがったときは、わずかに意識があり、ほんの少しだけ言葉を交わすことができました。誰もが死からのがれられないとわかっているのですが、こんな淋しくなったことはありませんでした。足利浄円和上の、

ともし火は　あかきものをと　今をしる
　消えにしあとの　夜の暗さに

という歌を、ご法話によく引用していた先生でした。ご法話していると

きのお顔が忘れられません。うれしそうな笑顔とやさしくひびいてくるお声でした。大学を卒業してから、三十数年、仲間とともにお聖教《しょうぎょう》の会《かい》読《どく》と法味を、大学の研究室や興正会館で指導いただいた思い出は、私の人生の宝です。折々に悩みを聞いてもらっていました。私のあこがれの先生で人生の師でした。過日、先生が住職していた浄光寺にお参りさせてもらいました。そのときに、坊守さまが「ご門徒のみなさまが、お寺の前を通るたびに、前住職に手をあわせてくださっているのですよ」と、うれしそうに仰っていたのが印象的でした。

そういえば、一九七六（昭和五十六）年十月二十日にご往生された金子大栄先生が、ご自宅に伺った私たち学生に、「お念仏生活は死の帰するところ、生の依るところを知らされるのですよ」と口ぐせのように話されていたのを思い出します。そして、『意訳　歎異抄』の第四章に、花びらは散っても花は散らない。形は、ほろびても人は死なぬ。永遠は、現在の深みにありて未来にかがやき、常住は、生死の彼岸にありて生死を照らす光となる。その永遠を感ずるものは、ただ念仏である。

という、心がふるえてくるようなすばらしい意訳を残されています。読むたびに感動が心身をかけめぐります。

また、金子先生は晩年によく幸福三條を申されました。

人間にうまれた　有難《ありがた》さ

仏法に遇《あ》へる　忝《かたじけ》なさ

今を生きる　勿体《もったい》なさ

というこの三ヶ条を味わうたびに、浅井先生のことを思い出しています。

そして、私たちを導いてくださった浅井先生の存在の大きさを、浄円和上の歌から実感することです。私の善知識である先生のご往生は悲しいことですが、いつか必ずお浄土であえるよろこびを、お育ての中からかみしめています。そうすると、「先生、私なりに元気でやっており、お念仏をよろこんでいます。いつか、お浄土でお会いしたいです」というふうに、書斎に飾っている写真につぶやいていると、私は不思議と安らかな気持ちになってきます。

再び金子先生との思い出になりますが、数人の学友と家に伺った時に、私はもう数えで九十一歳になりました。どんな心境でお過ごしですかと、問われるのですが、正直なところ死ぬのはいやですね。死ぬのは真っ暗であるというておる人の前では、念仏申せば光があらわれる。真昼の光でないだけに、かえって懐かしい。何かかすかに光るという、そういう涅槃を懐かしみながら、やっぱり死ぬのはいやだいやだと言いながら、その底に涅槃の光をおいうものをみていくところに、老人の意義といえるでしょう。

とポツリといわれた言葉を思い出しました。私たち学生は先生によく質問をしました。博識達見の先生は一応に答えてくださいましたが、「答えは質問のなかにありますよ。すぐに結論をださないで、質問をよくよくお考えなさい」と申された言葉が、年令を重ねるごとに心にひびいてきます。懐かしい思い出です。世の中には大事な人との死別で、深い悲しみで日暮らしをしている人がたくさんいます。この悲しみをのりこえる道は、浄土真宗の教えにであうお聴聞しか開いてきません。時間をかけて道を求め続けていると、死別した人は仏と成って、いつも私とともにあるのだと確信でてきます。

亡き人を思い出してお念仏していると、そのお念仏は懐かしい方が仏

となって、私を導いてくれていることに気づいてきます。甲斐和里子先生が、

み仏の御名を　よぶわが声は　み仏の
われを喚《よ》びます　み声なりけり

と、そのことを歌っています。ありがたく尊い歌ですね。この歌の心からいただくと、念仏生活をするということは、仏と成った懐かしい人と共に生きていることといえるのですね。

み声きこえぬ

私がいつもそばに置いている本に『蓮如上人御一代記聞書《ききがき》』があります。蓮如さまやお弟子の言葉を集めた本です。何度くりかえして読んでも新しい感動がわいてきます。その一九八条に、年下の蓮如さまを生涯に慕っていた道西《どうさい》（尊敬する道宗と名前が似ているので、道宗と間違われては迷惑がかかると思い、のちに善従《ぜんじゅう》と改名する）のことを記しています。

ある人、善従の宿所《しゅくしょ》へ行き候ふところ、履《くつ》をも脱ぎ候はぬに、仏法のこと申しかけられ候ふ。……履をさへぬがれ候はぬに、いそぎかやうにはなにとて仰せ候ふぞと、人申しければ、善従申され候ふは、出づる息は入るをまたぬ浮世なり、もし履をぬがれぬまに死去候はば、いかが候ふべきと申され候ふ。ただ仏法のことをば、さし急ぎ申すべきのよし仰せられ候ふ。

というところです。

同行が善従の金ヶ森《かながもり》道場にきたときのことです。お参りにきた同行がくつを脱ぎおわらぬうちに、善従がお念仏の話を始めたというのです。すると、その同行が「まあまあ、そんなに急がずとも、あとでゆっくりとお話しましょう」と言ったのです。すると、善従は「お釈迦さまは吐《は》く息、吸う息をまたぬ無常の命と言われているじゃあないですか。もし、あなたがくつを脱ぎ終わらぬうちに、命がなくなったらどうしますか」と、詰め寄って話をしたといいます。この話から、みなさんはどのように感じますか。ここまでくると息がつまり、もう二度とお寺に参る気がしなくなりますか。今の時代ならそういう気持ちになるかも知れません。この時代は求道（後生の一大事の解決）が命がけだったのです。この話は何よりも仏法のことは急いで求めねば、大事なことがわからず空しい人生を過ごすことを伝えているのですね。日常生活で何を優先すべきか、考えさせられる尊いエピソードです。私の命は風前の灯です。人生で大事な後生の一大事の解決には後先がありません。池山栄吉先生の歌に、

よき人の　仰せにききて　名を呼べば
喚《よ》ばせたまはふ　み声きこえぬ

があります。なんか、心がおちついてくる歌です。どなたの人生でも、人生のよろこび、よき人との出会いがあるはずです。ささやかな私の人生でも、忘れえぬ先生との出会いがありました。二〇〇〇（平成十二）年三月十四日にご往生された村上速水先生の、慈愛にみちたにこやかなお

顔を今でも忘れられません。先生が『病いに生かされて』の中で、

病気をして嬉しいとは思わないが、有難いと思うようになった。……私の場合は、そのよろこびの心境を味わうのに、六、七年の年月が必要であった。ご法義のよろこびもまた、長い間かかって純熟するものであり、その代わりに、いつまでも決して消えぬ喜びであるように思われる。

と澄みきった信仰生活のよろこびを伝えています。脳血栓の発症から闘病生活を経て、ついには声を失うことになりました。この絶望のなかから先生はすばらしい心境を開発されました。そのときの言葉がこれです。学生時代教えていただき、同じ岡山県生まれであることから、公私にわたり愚鈍な私をお導きいただきました。

また、卒業してからも、学友と三十年以上もお聖教を会読し、導いて

くださったも一人の恩師、浅井成海先生がご往生されてから、もう十年が流れました。お念仏と共に生きる人生のありがたさを、心から伝えてくださった私の善智識です。先生のお寺にお参りしたときに、奥さまが、「ご門徒のみなさんが、お寺を通るたびに、阿弥陀様と前住職に手をあわせてくださっているのですよ」と、うれしそうに話されたのですが、あの笑顔が忘れられません。今は仏さまとなって、こんな私をさえ今でも導いてくださっているのですね。

もしも、ご開山いまさずば

詩人・星野富弘の『鈴の鳴る道』に、

いのちが一番大切だと思っていたころ
生きるのが苦しかった
いのちより大切なものがあると知った日
生きることが嬉しかった

という、私の好きな詩がのっています。みなさんは、この詩を読まれて、どんな感想をお持ちですか。世俗で求められるものよりも、人生で大切なことを教えられる詩です。そして、心がホッとしてくるようです。多くの人が、長寿、社会的地位、財産、権力、などを求めますが、そういうものはいつまで続くのでしょうか。こういうものばかりを求めている人生は、いつか「人生はむなしい」という思いにかられる時がくるのではないだろうか。こんなものばかりに振り回されている自分を見据え、自分を見つめなおす生き方があるのです。それは、往生極楽のみちを問うて生きる道だと親鸞さまが導いてくださっています。たしかにお念仏のない生活でも立派に生きている人がいます。でも、阿弥陀仏のご本願にふれた人は、「お念仏なしでは生きられない」ことを実感しています。この確信を得たときが、ただ信心を要とするという生き方のはじまりといえます。『報恩講式《ほうおんこうしき》』に、

徳音《とくいん》は無常の風に隔《へだ》たるといへども、実語を耳の底に貽《のこ》す、撰び置きたまふところの書籍《しょじゃく》、万人これを披《ひら》いて多く西方の真門《しんもん》に入り、

弘通《ぐずう》したまふところの教行《きょうぎょう》、遺弟《ゆいてい》これを勧めて広く片域《へんいき》の群萠《ぐんもう》を利す。

とあります。親鸞さまのご往生後も、著書や、生きざまから、多くの念仏者が、今も導かれているのだと格調高く伝えています。どんな時代にも、お念仏を支えに生きている人々がいました。その人たちがどの時代でも、宝のように大事にしてきたのが本願・信心・念仏です。

〈もしも親鸞さまがいなかったら〉と、自問自答することがあります。もし、親鸞さまの教えに出遭うことがなかったなら、きっと、今の私はここにいないでしょう。教えが受け継がれてきたおかげで、私は浄土真宗の教えにふれることができたのです。そのおかげで、阿弥陀仏のお慈悲をよろこぶ私の人生がはじまりました。少しでも親鸞さまの御心に近づきたいと、いろいろな先生にお目にかかり教えをうけてきました。おかげさまで教えを伝える人がいたから、何も知らなかった私が、お念仏をよろこぶ人生を歩むことができているのです。この私が聖者のような心をもち、仏道を歩むことができるならさてしも、その実態はどうでしょうか。まったく真逆《まぎゃく》な生き方をしている私がみえてきます。とても、とても仏に成る力量などがある私ではありません。星野富弘さんの詩のように、私はお念仏を宝のように大事にして人たちのおかげで、念仏の教えにあうことができました。出会った念仏者の息吹から、阿弥陀仏のお慈悲のぬくもりをいただきました。そのおかげで、こんな私でも、仏さまに成れる道があることを知りました。ありがたいことです。そんなことを思うと、良寛さんが、

不可思議の　弥陀の誓いの　なかりせば
何をこの世の　思い出にせむ

の歌が身に染みてきます。

浄土真宗は他力廻向の教えです。親鸞さまは他力（仏力《ぶつりき》）について『教行信証』の「行巻」で述べています。もし他力が阿弥陀仏のはたらきならば、阿弥陀仏の徳を説いている『教行信証』「真仏土巻《しんぶつどかん》」に示せばいいようなものです。本願成就の阿弥陀仏が名号として、私のうえに躍動していることを、阿弥陀さまの功徳力を明らかにしたかったから、「行巻」で説いているのです。『教行信証』の「行巻《ぎょうかん》」に本願力を示して、

なほ磁石のごとし、本願の因を吸ふがゆゑに（阿弥陀仏の本願力は、磁石のようなものです。ご本願の救いのおめあての私を吸いつけるはたらきをもっています）

と、それはまるで磁石が鉄釘を吸いつけるように、如来さまの本願力は、私たちを如来さまの方向に吸い付けていくようなはたらきをもっている

と喩えています。甲斐和里子先生が、

ともしびを　高く掲げて　わが前を

いく人のあり　小夜中の道

と歌いっています。私が阿弥陀さまの御心にふれて感謝できるようになったのは、親鸞さまの人生と教えが、念仏を心の支えとしていた人たちが、何世代も生きるよろこびを伝えつづけられてきたお蔭です。お念仏をよろこぶ人と親しくしていると、こんな私でも自然にお念仏がこぼれてくるようになりました。不思議です。ありがたい人生を生きていると、年齢をかさねるごとに仏さまと共に生きている私だと味わっています。

親鸞さまの魅力

いくら求めても、比叡山で答えが見つからず暗闇のなかに生きていた親鸞さまでした。が、「隠遁《いんとん》の志にひかれて（『御伝鈔《ごでんしょう》』二段）」と、およそ二十年修行をした比叡山をおりて、吉水の源空房法然のもとで念仏の教えを学ぶようになりました。『御伝鈔』の「隠遁の志」の内容が、具体的にどのようなことか、よくわかりません。でも、ここから私の知る念仏者・親鸞さまの新たな人生が歩みはじめられたのです。源空房法然のもとで、今までの生き方を変えた専修念仏の教えにであえたのです。これまで苦しみ悩んでいた生き方から、光をみつけたように一心不乱に専修念仏の教えを学んでいた親鸞さまでした。生涯のなかで、法然さまのもとで学んだ時間は、人生の至福の時間といえるものでした。生涯の師匠となった法然さまとの出会いを、

曠劫多生《こうごうたしょう》のあひだにも
出離《しゅっり》の強縁《ごうえん》しらざりき
本師源空《げんくう》いまさずは
このたびむなしくすぎなまし

と詩っています。「もしも源空に会い、念仏の教えを聞くことがなかったならば、私の人生は空しいものであっただろう」と感激を伝えています。

親鸞さまのご誕生を祝する降誕会《ごうたんえ》が、明治七年五月二十一日（近年は二十日から二十一日の二日間）から、本山本願寺の御影堂で毎年今日まで開催されています。多くの人は親鸞さまのどこにひきつられるのでしょうか。

混迷の世にほんものは何かと問い、それは阿弥陀仏の本願であると伝え続けた親鸞さまの求道《ぐどう》の人生にひかれているといえないでしょうか。また、古今に人々を魅了しているのは親鸞さまの教えです。つきつめれば、「親鸞は弟子一人《いちにん》ももたず候」という、親鸞さまの生き方にあると、私は思っています。

そのゆゑは、わがはからひにて、ひとに念仏を申させ候はばこそ、弟子にても候はめ。弥陀の御《おん》もよほしにあづかつて念仏申し候ふひとを、わが弟子と申すこと、きはめたる荒涼《こうりょう》のことなり。

という信念の生きざまです。ひらたく言えば、「私もあなたも、阿弥陀仏の慈悲によって、念仏生活をするようになったのです。そんな間柄で師匠とか弟子というのは、まちがった了見ですよ。一緒に阿弥陀さまのお慈悲をよろこんでいきましょうね」ということではないでしょうか。お念仏をよろこんでいる人たちは、まるで真綿に水がすいこまれていくように、親鸞さまの言葉に耳をかたむけ、お念仏の生活を勤《いそ》しんでいったことでしょう。誰だったか思い出せないのですが、「親鸞さまは阿弥陀仏を拝んでいる後ろ姿から、救われているよろこびを伝えた人ですよ」と、大学の講義のなかで聞いたことがあります。私は今もこの言葉を味わって生きています。

親鸞さまが関東から京都に帰ったのは、六十三歳のころです。それから京都で暮らしています。関東の門弟たちは、およそ二十日ほどかけて、京都の親鸞さまをたずねていました。親鸞さまから少しでもお話を聞かせてもらいたいと、あるいは著述を書写するために、京都に長逗留しておられていたようです。この様子を『歎異抄』は、「学問せば、いよいよ如来の御本意をしり、悲願の広大のむねをも存知して」と伝えいます。

上洛した関東の同行は、知識をふやすために念仏の教えを学んでいたのではありません。本願のおいわれ（仏願の生起本末《しょうきほんまつ》）を学びながら、阿弥陀仏の救いはたらきの中に、いつも生かされて生きていることを、よろこんでいたのです。

親鸞さまが弟子にあてたお手紙が四十三通現存しています。多くの同行が親鸞さまに、ご法義の悩みを相談して、それに答えていたようです。お手紙の十三通目に、下野高田《しもつけたかだ》の覚信《かくしん》のことが書いてあります。覚信は親鸞さまに会うために、京都に向かっていましたが、途中で重い病気にかかりました。同行の人たちが、ひとまずは帰国して家で療養し、それから京都にいけばいいと勧めました。しかし、覚信は「どうせ死するならば、親鸞さまのみもとで死にたい」と願い、病気をおして京都にやってきました。その願いどおり、親鸞さまに面談し、何日か過ごしてご往生した門弟です。このことは、常随《じょうずい》の蓮位《れんい》が、国元の覚信の子供の慶信《きょうしん》に送った手紙に記しています。覚信は臨終まぎわに、「南無阿弥陀仏、南《な》無無礙光如来《むむげこうにょらい》、南無不可思議光如来《なむふかしぎこうにょらい》ととなへ」て往生したそうです。この手紙を送る前に、蓮位が親鸞さまの前でよみあげると、それを聞いた親鸞さまは、「御涙をながさせたまひて候なり」と、覚信のゆるぎない信仰に感激して、涙がとまらなかったと記しています。親鸞さまと覚信の姿を想像して、そっとこのやりとりに耳を傾けてみてください。ここは何度読んでも感激してくる私です。『口伝鈔』の十六章にも同じ内容があります。孫の如信に忘れなれないことだと、親鸞さまが如信にいつの日にかに語ったのでしょう。それを聞いていた曽孫《ひまご》の覚如が報恩講に法談したのです。それを弟子の乗専が『口伝鈔』に記録したものです。こんなところにも親鸞さまの魅力を感じています。

こんなお坊さんがいたら

ある先生から、『清流紀談《せいりゅうきだん》』を一度読むように勧められました。早速に読むと学僧たちの興味が尽きないエピソードが満載でした。興味のある方は一度読んでみてください。こんなお坊さんがいたのだと、きっと驚くはずです。私はそのなかで日渓法霖《にっけいほうりん》の弟子の僧樸《そうぼく》和上の記事が忘れられません。

僧樸は貧乏な生活をしていましたが、少しも意に介していません。爪ものびほうだいで、寸暇をおしんで学問をしていました。食事も炊事する時間がもったいなくで、生米《なまごめ》をかじり、水で流しこむとい

う徹底ぶりの生活をしていました。これを見た人たちから米かみ僧

　僕とよばれていた。

と、若き日の僧樸の姿を伝えています。この噂を聞いた、六歳年長の道《どう》粋《すい》が心配して、「そんな変わった生活をして、世間の人の誤解をまねいてはいけない」とたしなめました。それで、それからはそんなふるまいはしなくなったといいます。

　僧樸が二十三歳のときに、師の法霖和上がなくなりました。そこで奈良県下の道場を転々としながら、各宗の教義を学びました。大和郡山の浄覚寺に身を寄せて、法隆寺で学問をしていたころのことです。お寺に住んでいたのですから、普通は葬儀、法事をしなければなりません。村の年回を何度たのまれても、「法事をしたければ、朝夕のお勤めのときに参詣しなさい」と言う始末で、ちっとも年回法事に参りませんでした。

また、法隆寺で勉強がないときは、一日中本堂で本を読んでおり、たまに来客があると、さけるように裏口からでて、田んぼの畔《あぜ》で本を読んでいました。たまに葬式があると、その時はお棺を本堂に運ばせて読経する始末です。一度もお参りをしなかったそうです。そんな調子ですから、とうとうお寺を追い出されました。破天荒といえる僧樸の生き方ですが、学問はめきめきと実力をつけていました。

僧樸和上が初めて学林で講義をしたのは宝暦七年の安居《あんご》です。権威をふりかざさず、名利《みょうり》を求めない僧僕の生き方でした。こんな僧樸和上を慕って、たくさんの僧俗が自然に集まってきていました。後に昨夢盧《さくむろ》という草庵をたてて住んでいます。

かはらじな　弥陀のみくにに　生まれては
きのうふの夢も　けふのうつつも

という、覚如さまの歌に感動して昨夢盧の名をつけたと伝えています。この歌の心をたずねると、「浄土にうまれ、さとりを得れば、この世の夢とか現《うつつ》だといっても、すべてのことは昨日の夢のように消えてしまう。浄土に往生させていただける念仏の教えに遇えたことだけがありがたい」ということでしょうか。僧樸和上は、

うき世をば　昨日の夢と　おもひきぬ
　　　　　　けふもうつつに　いほのゆうぐれ

と詠んでいます。生涯妻をめとらず、名利を求めず、人々に慈父のようにあたたかく接していた生き方であったそうです。

ある日、京都のある寺の法座に招かれました。僧樸和上のあまりに粗末な法衣をみかねた住職が、きれいな衣を用意してくれました。僧樸和上はこの申し出をうけいれ、高座にあがあるなり、「みんな、よく見なさ

い、立派な衣だろう。アナカシコ、アナカシコ」と言うなり、高座からおりて客僧部屋にもどったそうです。参詣の同行は高名な僧樸和上を招いて、ありがたい法話が聞けると参拝したのに納得がいきません。そこで住職に問いただしたところ、住職は「私がたいへんな心違いをしていました」と、僧樸和上に平謝りして、丁寧に法話をお願いしました。再び高座にあがった僧樸和上は妙弁をふるい、参詣の人たちを感激させたそうです。このエピソードは有名です。このエピソードを通して、深浦《ふかうら》正《しょう》文《ぶん》先生が、「骨かくす　皮にはだれも　迷いけり　美人というも　皮のわざなり」という歌から、よく学生に講義をされていたと、先輩から聞いたことがあります。ともすれば、私たちは学歴・肩書・財産などの外見から、その人を見ていないでしょうか。もしも、現代に僧樸和上のようなお坊さんがおり、お出会いできていたならば、私はきっと生涯の宝をえたように、今よりもっといきいきした坊さんになれていたと思うのですが。

僧樸和上の臨終の姿を絵に画《か》いたように、『学僧逸伝』が伝えています。臨終まぎわに病床から起きあがり、阿弥陀如来像を礼拝しました。そして、そばの門人に「お浄土は近い、もう帰るぞ」と言うと、静かに称えていた念仏の息がたえたそうです。現代からすると若すぎる四十五歳の生涯でした。僧樸和上は誰に対しても弟子とよばず、一人ひとりを法友《ほうゆう》と呼んでいたそうです。門下に空華《くうげ》の僧鎔《そうよう》、芸轍《げいてつ》の慧雲《えうん》、石州轍《せきしゅうてつ》の仰誓《ごうぜい》、筑前轍《ちくぜんてつ》の大同《だいどう》、豊前轍《ぶぜんてつ》の崇廓《すうかく》、史学の玄智《げんち》などがいました。この門人が江戸時代の宗学の黄金時代を大成していったのです。

宝の山

前坊守が往生して何年になるでしょうか。『往生要集《おうじょうようしゅう》』に「宝の山に入りて手を空しくして帰る」という言葉がでてきますが、前坊守の人生は念仏の宝の山に入って、いつもお慈悲をよろこんでいたような生涯でした。住職の父と死別してから、坊守の母と姉妹二人で、ほそぼそと田舎のお寺を護持してきました。前坊守を偲んでいると、

小さきは　小さきままに　花さきぬ
野辺の小草の　安らけきを見よ

という髙田保馬《たかだやすま》先生の詩を思いだします。先祖代々のお寺と念仏相続を

願いながら護り、村の門徒と一緒に法座でお聴聞するのを一番の楽しみにしていた前坊守でした。世間にはまったく知られず、まるで、名も知られない小さな花のような存在でした。しかし、いつも笑顔がたえず、お念仏が口からこぼれていたおばあちゃんでした。いつも「お聴聞が心の安らぎ」だと言い、いつも一番先に本堂にお参りしていました。

甲斐和里子先生と実弟の足利瑞義和上の会話が残っています。

あんたは唸ってばかりいて、ちいっとも念仏がでておらんがな。どうしたことかのう。（甲斐和里子さんが弟に話すと）

いまさらにのぉ（瑞義和上がこう答えたといいます）

という会話です。そして、二人はお互いに微笑みながら、うれしそうにお念仏しあったといいます。これは和上がご往生した前日のことです。阿弥陀仏にいだかれて、まさにお浄土に往かんとするとき、「念仏を称えなくとも、阿弥陀仏はすでに私を救い取ってくださっている。往生が近いからといって、とってつけたように、お念仏する必要などないはずだ」と、お二人でお念仏をよろこばれていたそうです。なんかまぶしいですね。ありがたいですね。『浄土和讃』に阿弥陀仏を、

十方微塵《みじん》世界の
念仏の衆生をみそなはし
摂取してすてざれば
阿弥陀となづけたてまつる

とお示しです。阿弥陀仏のお慈悲をよろこび、南無阿弥陀仏を心の支えとしている人は数知れないほど多いでしょう。この和讃をありがたくいただくことです。この和讃から、阿弥陀仏がどのような仏さまかわかります。親鸞さまは摂取不捨《せっしゅふしゃ》（摂《おさ》め取って捨てない）という心から、阿弥陀

仏の名が成立していると味わっています。これを専門的に名義《みょうぎ》といいます。親鸞さまは信心や念仏を条件として、阿弥陀仏が私を摂取（すくいとる）するのではなく、むしろ阿弥陀仏の摂取不捨のはたらきによって、信心の身にならしていただくのだと理解しています。浄土真宗のご本尊は、『観経』の住立空中尊《じゅうりゅうくうちゅうそん》（空中に住立《じゅうりゅう》したまう）の経文《きょうもん》にもとづいているといわれています。善導が立像の阿弥陀仏を、

立ちながら撮《と》りてすなはち行く。端坐《たんざ》してもって機《き》に赴《おもむ》くに及ばざるなり。

と、「定善義」華座観《けざかん》で解釈しています。そうですから、浄土真宗のご本尊を立撮即行《りっさつそくぎょう》の阿弥陀仏と申しています。撮《さつ》はつかみとることですから、生死《しょうじ》の世界で迷い苦しんでいる私を、つかみとって浄土につれていき、私を仏さまにしてくださる阿弥陀仏という意味があります。阿弥陀仏の

救いのはたらきが南無阿弥陀仏のお名号なのです。私を救わんとはたらいている名号は、救急の大悲であると善導はいっています。このことを領解しておれば、お念仏しながら暮している生活が、そのまま阿弥陀仏と共にお浄土に向って生きている証《あかし》です。私の人生は往生浄土の旅（この言葉を初めて聞いたのは山本仏骨《やまもとぶつこつ》和上の法話でした）をしているのです。もったいないことですね。

あなたにおがまれて

入寺してから、あっというまに数十年が経ちました。ある時に気がついたことがあります。ご門徒さんと話をすると、ほとんどの人が、話の最初に「おかげさまでなぁ」と言ってから、お話をしているのです。私が住職している寺は、何百年もお念仏の道場として存在しています。おそらくは、お聴聞したご先祖が「命の感謝を忘れるな」という誡めから、「おかげさま」を会話のはしばしにつけて、代々に語ってきたのでしょうか。私はご門徒さんから「おかげさま」が聞こえたら、「先祖代々お念仏のご縁があってよかったですね。これからも大事に相続していかなければばね」とお話をしています。こんな会話がごく自然にできることが、浄土真宗に染った土徳だと思っています。若いころに『往生要集』の、頭《こうべ》に霜雪《そうせつ》を戴きて、心は俗塵《ぞくじん》に染めり。一生は尽きぬといへども、悕《け》望《もう》は尽きず。……願はくはもろもろの行者……すみやかに出要《しゅつよう》の路《みち》に随ふべし。宝の山にいりて手を空しくして帰ることなかれ。

という言葉に魅了されていました。私にとって忘れられない言葉で、私をご法義に近づけてくれた尊い導きの言葉です。

ところで、宝の山とは何なのでしょうが。それは仏法のことで、お念仏のことです。折角、仏さまの教えにあっていながら、その教えをわが身にうけいれないのは、空しい人生といわざるをえません。およそ千年前の源信《げんしん》の言葉です。それではどのように仏法を聞けばいいのでしょうか。仏法を学びながら、それに私見をまじえずに、素直にうけいれるこ

とができるでしょうか。ここが私の問題です。浅原才市《あさはらさいち》さんが、

わたしゃ　あなたに目の玉もろて
あなたみる玉
なむあみだぶつ

と詩っています。才市さんは、浄土真宗の教えを講釈して、多くの人を導いていたわけではありません。お聴聞を重ねて、そのままお慈悲をよろこんでいた好々爺《こうこうや》です。しかし、お聴聞を通して確かに念仏の神髄を領解していた妙好人でした。

ええな
せかいこくうが
みなほとけ
わしもそのなか

なむあみだぶつ
わたしゃ
あなたにおがまれて
たすかってくれとおがまれて
ごおんうれしや
なむあみだぶつ

と味わっているのです。才市さんの称えている六字のお名号は、阿弥陀仏の救済のはたらきです。南無阿弥陀仏と称えることは、阿弥陀仏の姿・形を求めてお祈りとか請願をしているのではありません。称名念仏は阿弥陀仏のお救いの中にあることなのです。お救いの名号が誰のために完成されたのか。それはこの私のすべてをみぬき、この私を救うために誓願をたて修行されて、阿弥陀仏となられたのです。

私はこのようなすばらしい世界を生きているのです。お名号の完成は、この私を救うためのものであったことは、『無量寿経』(『大経』)のなかに説かれています。この私を救うために南無阿弥陀仏の名号がいつでも・どこでもはたらいているのです。阿弥陀仏は「あなたをかならず救うぞ」と、救急の大悲として私のもとにとんできてくださっているのです。つまり、才市さんの詩にあふれているように、ナモアミダブツと称えるままが、阿弥陀仏に喚《よ》ばれつづけている私なのです。甲斐和里子先生はこのいただきを、

み仏を　よぶわが声は
　　み仏の　われを喚びます　み声なりけり

と、みごとに表現されました。称えるは私であるが、その声が自分の耳に聞こえたなら、聞こええてくるナモアミダブツは阿弥陀仏が私をお救

いしてくださっているはたらきです。ここを信知しないと、浄土真宗がわかりません。ありがたいですね。いつも阿弥陀仏とともに生きている念仏生活をよろこびたいですね。

村上速水先生の『病いに生かされて』を読んで、京都市右京区のお寺に、池山栄吉先生揮毫の名号碑があることを知りました。早速にお参りしました。静かな境内に、その名号碑がありました。南無阿弥陀仏と刻まれたその石碑の裏に、「オネガヒダカラスグキテオクレ」と書いてありました。私から阿弥陀仏におたすけをたのんでいるのでなく、阿弥陀仏のほうが先に、「どうか救われてくれよ」とお願いされているのですね。私が阿弥陀仏に拝みたのむのでなく、阿弥陀仏のほうが先に「たすかってくれよ」とたのまれているのです。池山先生の深い味わいです。その文を見ながら、しばらく足が動かなかったことを思いだします。なんと

もったいないことでしょうか。才市さんは、

わたしゃ
あなたに拝まれて
助かってくれと拝まれて
ご恩うれしや　南無阿弥陀仏

と詩っています。仏法の宝の山にはいって、人生の宝を知ることが、よろこびあふれる念仏生活がはじまるのですね。

いのちの紡ぎ

八月になると、毎年たくさんの門徒さんと墓地の掃除をしています。そのあとで仏教壮年会に本堂の掃除をしてもらっています。いつも思うのですが、親子、孫と一緒に手をあわせているご門徒の姿をみていると、お顔がうれしさそうに輝いているように見えてきます。うちのご門徒さんはお墓であっても、本堂であっても、みんな優しい顔をしています。そんな顔をみるにつけ、ワンガリ・マータイさんが、日本で発見した〈もったいないの世界〉をなぜか連想しています。〈もったいない〉ことを、日々に感じて生活しているから、合掌している姿がかがやいているように見えてくるのでしょうか。

学生をしていたときに、親鸞聖人ご誕生八百年のご法要がありました。その時の消息のなかに、

念仏の道はおかげさまと生かされる道であり、ありがとうと生き抜く道であります。

というお示しがあります。念仏生活はどのような生活かと問われたら、このように答えればいいのです。念仏生活は〈おかげさま〉と〈ありがとう〉の生活です。つきつめれば〈もったいない〉と感じながら、日々を感謝して生きるのが念仏生活ですね。若いころに、布教のご縁でこのご消息をひいて、精一杯におとりつぎしたことを思い出します。前門主の『朝《あした》に紅顔《こうがん》ありて』を愛読していますが、考えさせられることが多く、これまで十回以上は読んでいます、その中で、

ひとりの人間が存在するとき、その背後には長いいのちの流れ、いのちの連鎖といったものが必ずあります。両親、そのまた両親と、祖先から連綿と続いてきたいのちのつながりによって、ここに生きていることができるのです。……衣食住を考えてみましても、何かのおかげによらないものはありません。

という、日常の大事な視点が示されています。

ご門徒のお年寄りが、月参りに伺ったときに次のように申されました。

うれしそうなお顔をして、

ワシらが今こうしておれるのは、みんなご先祖さまのおかげじゃあ。この歳になってお寺まいりさせてもらうのはなぁ、阿弥陀仏にまちがいないことを、ご法座で何度も知らされ聞かせていただくのじゃぁ。ご先祖がお寺を残してくれたおかげで、わしらは何の苦労もし

ないで、ただ阿弥陀仏にまちがいないことを聞かせてもらうだけ、

もったいないのぉ。

と話してくれたことがありました。こんなつぶやきを、何人かから聞くたびに、住職をしているよろこびがわかったような気がします。

「寺ばなれ、墓じまい」を、最近よく耳にします。昔と生活環境が変わり、価値観が変わってきたのかも知れません。どうしたら、今の年寄りのようによろこびを持つことができるか、何をどのようにしたらいいのか、まったくわかりません。しかし、今、お寺が今までの法座のありかたから、今の人たちの心に教えを伝える工夫をしなければ、ただの風景としての寺院になってしまいそうです。大変ですが、寺もご門徒も今までの常識を見直していかなければ、形式だけのことをしているお寺になってしまいそうです。

お念仏が日常生活にこぼれているようなご門徒さんが多く住んでいます。お念仏生活は〈おかげさま、ありがとう〉の生活です。その〈おかげさま、ありがとう〉は大切なお念仏の心が伝わってくるのです。でも、お念仏には何も条件がいりません。たとえば、赤子を育てている母親は、赤子が生きる力を母乳をとおして、母は赤子を護り育てています。そこには母から赤子に母乳についての説明をしているわけではありません。何の説明がなくても、赤子は母からもらう乳をのむだけで、生きるに必要なすべての栄養をもらっているのです。桐溪順忍《きりたにじゅんにん》和上がお念仏をよく法乳《ほうにゅう》と言われて、お念仏の話をしていたことを思いだします。阿弥陀仏はこの私を仏にするために、南無阿弥陀仏の摂取不捨《せっしゅふしゃ》の名号でいつも私にはたらいているのです。それはまるでお名号が母乳のようで、阿弥陀仏の摂取不捨の光明が母の腕《かいな》のようなものです。

南無阿弥陀仏は阿弥陀仏が私を助けているすがたですが、それはまた、私が救われているすがたといただくべきです。このことを本当に理解できるには聴聞を通してでしか方法はありません。有難い人間に生まれておりながら、「薄俗《はくぞく》にしてともに不急《ふきゅう》の事《じ》を諍《あらそ》ふ」という生き方をしていては、あまりにもさびしく空しい人生になってしまいます。それじゃ、どうすればナモアミダブツが理解できるでしょうか。そのヒントに『徒然草』八十五段の文をとりあげてみます。

狂人の真似とて大路《おおじ》を走らば、則ち狂人なり。悪人の真似とて人を殺さば、悪人なり。驥《き》を学ぶは驥の類《たぐ》ひ、舜《しゅん》を学ぶは舜の徒《ともがら》なり。偽《いつわ》りても賢《けん》を学ばんを、賢といふべし。

というところです。狂人の真似だといって大路を走っておれば、世間の人は精神を病んでいる人の行動と見ます。悪人の真似だといって言って人を殺せば悪人と評価します。一日千里を走る駿馬を学べば、すぐれた馬だと評価されます。舜の徳行を学べば、舜と同じだと評価されます。そのように自分の本心でなくても、賢者の行いを学ぼうとして実践していると、世間は賢者とみなしてくるのです。

私は毎日のお逮夜《たいや》参りの時に、このことを実感しています。お逮夜《たいや》参りに伺うと、ほとんどの家は私の後ろで、声をだして一緒にお勤めしてくださいます。私はいつも幼児や小学生のお勤めの姿は、小さな妙好人のようだと拝んでいます。祖父母の念仏の声にひかれて、小さな子供がオウム返しにお念仏している姿に出会えると、私はその一日がとてもうれしくなってくるのです。ありがたいですね。

拝まない私でも

私の住んでいる土地は、ほとんどが浄土真宗のお寺とご門徒ばかりです。浄土真宗の信仰を何百年も護持してくださっている子孫が住んでいるところです。私のお寺は報恩講の法要を勤めたあと翌年の御正忌にお参りしています。ご本山参りまでに、各家に在家報恩講にお参りする、おとりこしのお参りの習慣が残っています。私の住む地域は一村一ヶ寺ですが、最近は田んぼが住宅地にかわり、ご門徒以外にたくさんの家がふえて様変《さまが》わりしてきました。新興住宅地の家には、お仏壇がないそうです。尊い在家報恩講（おとりこし）がいつまで続くのだろうかと、一抹の不安がよぎったりします。しかし、今のところは休みをとって帰省したご夫婦や、家人と「しんじんのうた」を勤めています。お茶をのみながら先祖のご苦労や、思い出や法義話にひとときを過ごしています。私にとってはなにものにも代えがたい至福の時間です。

いつでしたか、広島の友人のお寺の法座の帰路に、島根の有福《ありふく》の善太《ぜんた》郎《ろう》の師匠寺・光現寺《こうげんじ》に参拝したことがありました。住職からいただいた善太郎の言行録を夢中で読んでしまいました。そのなかに、

おがんでたすけてもらうじゃない
おがまれてぃだざる
如来さまに
たすけられて
まいること

こちらから
おもうて
たすけてもらうじゃない
むこうからおもわれて
おもいとらるること
　この善太郎

という、阿弥陀仏と私の関係を、善太郎の味わいから浄土真宗の核心を知らされたことです。この善太郎の領解から、私は浄土真宗の核心を確信しました。ありがたいですね。善太郎のよろこびを味わっていると、道宗《どうしゅう》のことをおもいだします。

　また、蓮如さまの弟子に道宗というありがたい念仏者がいました。道宗の聴聞の心得は、『蓮如上人御一代記聞書』一三一条に、「何度同じ話を聞いても、初めて耳にしたようで、ありがたい」という徹底したものです。蓮如さまの子息蓮悟《れんご》が著した『拾塵記《しゅうじんき》』に、道宗の言動を記しています。その中の一例を紹介します。道宗は一年のほとんどを本山参り、同行とのご法義話にあけくれていたことなどです。ある日のことです。道宗が数人と本山参りをしたのですが、道宗だけが帰宅していないことがありました。心配した叔父の浄徳が、「一緒にお参りしたはずの道宗がまだ帰宅していないのだが、ご存じでしょうか」と、一緒に本山参りした同行にたずねました。すると、「道宗は念仏売りだから、いろんな人の家に泊まっているはずです。彼はいつ帰宅されるかもわかりません」と言われました。念仏うりの意味がわからなかった浄徳は心配が募り、だいぶ経ってから帰宅した道宗に、「道宗よ、みんながお前を念仏売りと言っていたよ。これからは寄り道をしないで、みんなと一緒に帰ってきなさい」とたしなめたそうです。これを聞いた道宗は念仏売りがどんな意味で使われているのか理解できません。いてもたってもおれず、京都の蓮如さまのもとにいき、事の次第を申しました。これを聞いた蓮如さまは、

道宗よ、結構なことでないですか。何も心配することはありません。お念仏をもっともっと売り広めたいものです。最近は買い手がずいぶんと少なくなりましたからね。

と、言われたそうです。この蓮如さまの言葉に感じ入った道宗は、それから今までにまして同行と念仏の話に花を咲かせた、というエピソードが紹介されています。

この時の念仏売りとは、商売の売り買いのことでなく、お念仏のありがたさ、阿弥陀仏の尊さを、ご縁のある人に伝えるということなのです

ね。道宗の言動を念仏売りと揶揄《やゆ》した同行の心中は、決して好意的なものでなかったであリましょう。しかし、道宗の行動は阿弥陀仏のおはたらきの中に生かされている自分が、うれしくて、まわりの人にお念仏のありがたさを伝えずにはおれなかったのです。その生き方を一言でいえば、「道宗覚書《おぼえがき》」の、「後生の一大事、いのちのあらんかぎり、油断あるまじき事」とか、「ひきたてる心なく、大様《おおよう》になり候は、心中をひきやぶりまひるべき事」ということに尽きます。私は、道宗の信仰心を少しでも真似をして、残る人生を過ごしてゆきたいなぁと生きています。

著者紹介

鎌田宗雲（かまだ　そううん）

1949年岡山県に生まれる

浄土真宗本願寺派報恩寺住職

著書　『御文章解説』『御文章の豆知識』『蓮如上人』
『蓮如上人に学ぶ』『蓮如上人と御文章』
『阿弥陀仏と浄土の理解』『阿弥陀仏と浄土の証明』
『御伝鈔講讃』『親鸞の生涯と教え』『親鸞入門』
『親鸞の教え』『仏事と本願寺の話』『本願寺の故実』
『別冊太陽　親鸞』（共著）『真宗伝道の教材』
『みんなの法話』（共著）『七高僧と親鸞』など

住所　〒529-1213　滋賀県愛知郡愛荘町沖271

法味随想　一《ひと》滴《しずく》

2021年５月10日　印刷
2021年５月15日　発行

著　者　鎌田宗雲

発行者　永田　悟　京都市下京区花屋町通西洞院西入

印刷所　図書印刷　同朋舎　京都市中京区西ノ京馬代町6－16

発行所　創業慶長年間　永田文昌堂　京都市下京区花屋町通西洞院西入
電　話（075）371－6651
FAX（075）351－9031

ISBN978－4－8162－6248－7 C1015　〔検印省略〕